はじめに

　安全帯を墜落制止用器具と呼び改め、原則フルハーネスとする改正労働安全衛生規則が平成31年2月1日から施行されました。
　墜落制止用器具の目的は墜落防止ではなく、作業員が墜落した場合に地上に激突させず宙づり状態にすることにあります。
　宙づりにするためには、①フルハーネス自体の適正化、②接続金具等であるコネクタの適正化、③フック等の取付設備である支点の確保が極めて重要になります。
　④忘れてはならないのは、宙づりにした後の自力脱出できない被災者の救助です。
　厚労省は改正規則と同時に以上の事項に関して、事業者と作業員が取組むべき方針および基準となる目安等をガイドラインで示しました。
　しかし、原則フルハーネスですが、高さが6.75m（建設業は5m）以下では胴ベルト型も使用が認められたことから、現場安全担当者（事業者）の安全管理が複雑かつ多様化することが予想されます。
　それは、③のフックを掛ける取付設備（支点）の確保と、その作業指示が適切に行われ、作業員が順守したかの確認です。
　規則521条では、「労働者に要求性能墜落制止用器具等を使用させるときは、要求性能墜落制止用器具等を安全に取り付けるための設備等を設けなければならない。」と規定しています。
　例えば、作業床のない約4mの高さの梁の上で作業が予想される場合は、普通の1.7mのランヤードを装備したフルハーネスでは、墜落すると地面に到達する可能性がありますのでこのままでは使用できません。
　ガイドラインでは、「墜落制止用器具の選定」としてフルハーネス型か胴ベルト型の選択、ロック付き巻取り式ランヤードの使用等を例示していますが、胴ベルト型のない欧米では安全ブロックの使用やフックの位置による支点の確保が行われています。

　安全担当者は、現場を事前に確認して高さに応じた墜落制止用器具の選定を行い、状況に応じて安全ブロックやロック付き巻取り式ランヤード等を準備し、フックを掛ける箇所の指定と使用を命ずる必要があります。
　ハーネスの義務化によって安全管理が複雑となったために、その作業指示内容と作業員に対する指示の履行状況について、安全日誌等に記録することが望まれます。
　本書は、既刊（『フルハーネス型』『安全帯で宙づり』『高所作業の基礎知識』）三冊に続くもので、重複している箇所もありますが、ガイドラインの補足説明と「墜落制止用器具の選定による規則521条等の対応と責任の明確化」の観点での安全日誌などへの記録化の重要性に触れました。
　本書によって、フルハーネスの有効性と危険性をご理解され、墜落による災害防止の一助になれば幸いです。

令和元年7月
みなとみらい労働法務事務所
菊　一　功

【 目 次 】

第1章　フルハーネスの義務化に対応する新しい現場管理 …… 3

第1　墜落制止用器具に関する改正法令等 ………………………… 3

第2　フルハーネスの義務化に対応する安全担当者の対応 ………… 4

第3　安全担当者がなすべきこと ……………………………………… 6

第4　安全指示の記録化 ………………………………………………… 7

第2章　墜落制止用器具の知識 ……………………………… 9

第1　墜落制止用器具の安全な使用に関するガイドライン ………… 9

第2　墜落制止用器具を適切に使用するための4つの課題 ………… 9

第3　墜落制止用器具および関連設備 …………………………… 10

第4　墜落制止用器具等 ……………………………………………… 16

第5　その他の用語 …………………………………………………… 22

第3章　個別的な問題および使用方法に関するQ＆A ……… 24

第1　カラビナの使用上の問題点 …………………………………… 24

第2　外国製の墜落制止用器具等の使用上の問題点 ……………… 26

第3　安全ブロックの使用上の問題点 ……………………………… 28

第4　フルハーネスにおける二丁掛けの方法 ……………………… 30

第5　宙づり状態での自己救助（延命措置） ……………………… 34

第4章　その他の質問 ……………………………………… 45

※本書で使用している図や写真は、イメージと理解してください。

第1章 フルハーネスの義務化に対応する 新しい現場管理

本章の要約

　原則フルハーネスの義務化であるが、6.75 m以下は胴ベルトも認められた。5 m以下の低層においてハーネスを使用する作業者に対しては、事業者はフックの取付設備の状況を事前に確認し、墜落安全距離を確保するため、ロック付き巻取器や安全ブロックの使用、フックを掛ける位置等の指示をしなければならない。ガイドラインが示すように、作業の高さによって「適切な墜落制止用器具の選択」を行う必要がある。これは、作業環境と作業指示が複雑化することを意味することから、指示の徹底と責任の明確化を図るために、安全日誌等に記録することが必要となる。

第1　墜落制止用器具に関する改正法令等

１．規則改正

　「安全帯」を「墜落による危険のおそれに応じた性能を有する墜落制止用器具」に改め、フルハーネスを原則義務化とする改正規則等が平成31年2月1日から施行された。その運用については「墜落制止用器具の安全な使用に関するガイドライン」（平30.6.22　基発0622第2号　以下、「ガイドライン」という）が示された。

２．墜落制止用器具の目的は宙づりにあり

　ガイドラインは、「墜落制止用器具を使用して墜落した作業者の人的損傷を如何に少なくして宙づりにするかの方策を規定したもの」で、墜落による地面等との激突防止対策が主眼と考えられる。

　ここに、作業者の人的損傷とは肉体的・精神的損傷を意味する。

　精神的損傷の一例として、フルハーネスで宙づりとなり20分後に救出された作業者が、以降トラウマとなって高所作業ができなくなったとの報告がある。

　墜落制止用器具使用における激突の原因の多くは、当該器具の損傷と落下距離に対応する当該器具の選択誤りと考えられる。

３．適切な墜落制止用器具の選択

　安全担当者は、作業者に墜落制止用器具を使用させるにあたり、適切な墜落制止用器具を選択する必要性がある。

　ガイドラインでは「適切な墜落制止用器具の選択」について次のように解説している。

①フルハーネス型か胴ベルト型かの選択
②フック等の取付設備の高さに応じたショックアブソーバのタイプ、それに伴うランヤードの長さ（ロック付き巻取り器等を含む）の選択
③事業者がショックアブソーバの最大の自由落下距離や使用可能な最大質量等を確認の上、作業内容、作業箇所の高さおよび作業者の体重等に応じて適切な墜落制止用器具を選択

第2　フルハーネスの義務化に対応する安全担当者の対応

1．低層での「適切な墜落制止用器具の選択」

改正規則とガイドラインについて、安全担当者は現場の状況にどのように対応すべきか、落下距離を視点にいれて具体的事例を挙げて以下検討する。

写真右上の状況は、安全パトロール中に発見した。

作業者が作業床のない高さ約3mの梁の上で作業を行っている。この状況では一見で適正かどうかわからない。

（1）胴ベルトを使用している場合

よくみると写真右下では、作業者は胴ベルトを使用しフックを足元の梁に掛けていることがわかる。この状況でも、落下距離を考えてさらに詳しく調べてみる必要がある。

①ランヤードがロック付き巻取り器等を使用していれば、落下距離を考慮し適正使用と一応考えられる。

②巻取り式以外では、旧規格の一般のランヤードを使用していても、右図のとおり胴ベルトによる落下距離が3m以上と計算されるので、現状では地面に激突する可能性がある。新規格の第一種ランヤードであればショックアブソーバの伸びが最大1.2mなので落下距離はさらに長くなり被災する可能性が高い。

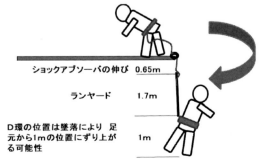

第1章　フルハーネスの義務化に対応する新しい現場管理

③2022年1月2日以降は、足元の梁にフックを掛ける場合に、衝撃荷重が大きいことから第二種ランヤードが必要であるが、落下距離がさらに長くなり（第二種ランヤードは最大値1.75m伸びる）、フックを梁に掛けることは適切ではない。フックを腰から上に掛け、第一種ランヤードでロック付き巻取り器や安全ブロックの使用等が必要となる。

④以上の点を考慮し、安全担当者は的確な指導を行う必要がある。

（2）高さ約3mの梁の上でフルハーネスを使用する場合

①ランヤードがロック付き巻取り器等を使用していれば、性能にもよるが落下距離を考慮すると一応適正使用と考えられる。

②巻取り式以外では、胴ベルト以上に落下距離が長いので、3mの高さではフルハーネスの単独使用はできない。

③落下距離対応としては、梁の高い位置に支柱を立てワイヤーを張り、安全ブロックを使用する方法もある。

④新規格の第一種ランヤードを使用する場合は、3mの高さでは当然使用できない。

（3）有効なフックの取付設備等を設けることができない場合

高所作業車による作業や、作業自体の中止・変更の検討が必要となる。

2．適切な墜落制止用器具を選択していない場合の適用条文等

（1）右図のように高さが2m以上の高所作業において、水平親綱の1スパンに3人がフックを掛けていた場合、ガイドラインでは、「水平親綱を使用する作業者は、原則として1スパンに1人とすること。」と

規定している。これは、1人が墜落すると他の作業者も引っ張られて墜落することから規定されたもの。

このような場合は、ガイドラインに違背し規則521条に抵触する可能性がある。

（要求性能墜落制止用器具等の取付設備等）

第521条　事業者は、高さが2メートル以上の箇所で作業を行う場合において、労働者に要求性能墜落制止用器具等を使用させるときは、要求性能墜落制止用器具等を安全に取り付けるための設備等を設けなければならない。

（2）右図のように、既設プラントの増設工事で高さが2.5mの作業箇所には直径20cmの既設の配管が設置されている。墜落制止用器具のフックを掛ける箇所は配管しかない状況だが、施工業者は現場に「安全帯使用」とだけ掲示していた。

しかし、客先の配管にフックを掛けて墜落した場合に配管を損傷することは確実であり、作業者は墜落制止用器具を使用できない状況にあった。

この状況でおいては、規則521条に抵触する可能性がある。

安全担当者は、高さに適合したフックの取付設備の設置、安全ブロックの使用等、ガイドラインに規定された適切な墜落制止用器具を選択し、必要な措置を行う必要性がある（第1の3を参照）。

つまり、単に「安全帯使用」を命ずるだけでは足りず、フックの取付設備を具体的に指示し、状況に応じて安全ブロックや巻取式ランヤードの使用を指示する必要がある。

第3　安全担当者がなすべきこと

1．作業開始前の作業箇所の高さ等の確認

安全担当者は、作業者に墜落制止用器具を使用させるにあたり、フックを安全に取付ける取付設備等を設置しなければならない（規則521条等）。設備等は既設の梁や足場などでも構わない（解釈例規）。

そのために、作業開始前にリスクアセスメントを実施し、落下距離との関係で作業箇所の高さと、取付設備等の設置位置および付近の状況の確認が必要である。

2．取付設備等の有効性等の確認

使用する墜落制止用器具の取付設備等として適切なのかを確認し、設置高さや強度等で不備がある場合は使用開始前に改善しなければならない。

高さが2m以上の高所作業では、法定条件により原則フルハーネスであるが、改正規則では高さ6.75m（建設業では5m）以下では胴ベルトも使用できる。

したがって、安全担当者は高さや作業状況に応じた、「適切な墜落制止用器具の選択」が重要となった。

第1章　フルハーネスの義務化に対応する新しい現場管理

３．適切な墜落制止用器具の選択
　イ．作業箇所の高さに応じてフルハーネスか胴ベルトかを選択する。
　ロ．フックを掛ける位置を特定する。
　　　５ｍ以下の低層でもフックを掛ける位置により機能が有効になる。
　ハ．５ｍ以下の低層でフルハーネスを使用させる場合は、安全ブロックの使用、ロック付き巻取り器等の使用を選択する。
　ニ．その他、作業内容、作業箇所の高さおよび作業者の体重等に応じて選択する。

第4　安全指示の記録化

１．安全日誌の活用
　　フルハーネスの義務化に対応し、安全担当者は作業者に墜落制止用器具を使用させるためには、ガイドラインが示すように、作業の高さによって「適切な墜落制止用器具の選択」を行う必要がある。したがって、作業者に対する指示は複雑となり、指示が十分に理解されず徹底されない可能性がある。このため、指示の徹底を図るために一連の過程（指示したフックの掛ける位置、安全ブロックやロック付き巻取り器の使用等）について記録しておくことが重要である。
　　記録化とは、作業計画や安全日誌等に図示・加筆することや、白板等に書いた作業開始前の打合わせ内容を写真に撮り安全日誌等に張り付けることでもよい。
　　さらに、安全パトロールで交付した指示書等も添付する。

２．安全管理活動を立証する証拠として
　　死亡災害等が発生しその原因が直接法違反の疑いがある場合は、労働基準監督署は捜査対象とする可能性があり、作業に関与した事業者（元請等）は、法が要求する措置義務を履行したかを聴取される。
　　例え適正に安全指示をしたとしても、前述したように複雑化した状況においては、口頭で指示しただけでは、十分に立証できない可能性がある。このような場合に労働基準監督官がその現場の日頃の安全活動を評価できるのは、安全日誌等に具体的に記録した内容と考えられる。
　　ここに安全日誌等の活用を重視した、フルハーネスの義務化に対応する新しい現場管理の意義がある。

3．安全指示書の復活

　　建設現場のほとんどは安全日誌を記載しているが、担当者はその重要性を認識していないために、形式的な記載に終始しているのが実態である。

　　安全指示書も、過去には多くの企業・現場で採用し作業者に交付していたが、最近はそのもの自体が忘れられているようだ。最近、若手社員の教育の一環として安全日誌の重要性の周知と作業指示書の復活を行っている会社もみられる（下の写真は、安全日誌の記載に関するグループ討議の様子）。

第2章　墜落制止用器具の知識

第1　墜落制止用器具の安全な使用に関するガイドライン

１．高所作業において事業者がまず初めに行うべきことは、作業者を墜落させないために手すり等の物理的な設備の設置や高所作業車等の使用である。

　　しかし鉄骨組等でこれらが困難な場合は、作業者が万が一墜落しても地上に激突しない個人用保護具としての墜落制止用器具を使用するしかない場合が多い。

　　ところが、墜落制止用器具は、使用方法によって作業者の人体を損傷する危険性があり、必ずしも安全は保証されない。

２．墜落制止用器具は、作業者の宙づりを想定する

　　労働安全衛生規則改正により、平成31年2月1日から安全帯を墜落制止用器具と呼び換え、原則フルハーネス型の使用が義務化となった。ただし、令和4年1月1日までは例外的に6.75 m（建設業では5 m）超えの高さでも旧規格の胴ベルト型が使用できる。改正規則施行に合わせて、墜落制止用器具の安全な使用に関するガイドラインが示された。

　　墜落制止用器具は、作業者の宙づりを想定するものであるが、当然宙づりとなった作業者の救助に関しても想定しなければならない。

　　墜落した着用者の肉体的および精神的損傷を如何に少なくして宙づりとするか、その方策を示したものがガイドラインともいえる。

第2　墜落制止用器具を適切に使用するための4つの課題

墜落制止用器具を着けた作業者が墜落した場合に、地上に激突させず宙づりとするための方策と、宙づり後の救護措置等に関しては次の4つの課題がある。

（1）墜落制止用器具の着用上の問題点

　①構造規格に適合したものであるか

　②体重に適合したものであるか

　③高さに応じた適切なものが選択されているか

（2）コネクタ（接続器具）の問題点

　①規格に適合したコネクタ(フック・カラビナ等)であるか

　②使用方法が適正であるか

（3）取付設備（アンカー・フックの接続支点)の問題点

　①宙づりのために必要な安全距離（クリアランス）は確保されているか

　②強度は確保されているか

（4）墜落後の救助の問題点
　①墜落後の救助計画が策定され、作業者に周知されているか
　②宙づりに対して、オンサイトレスキュー（同僚による救助）および延命措置としての自己救助の方法が教育され周知されているか

第3　墜落制止用器具および関連設備

1．墜落した作業者の衝撃荷重は、「ハーネス（胴ベルト）のD環（コネクタ）⇒ランヤード⇒取付設備」と伝達される。墜落時の衝撃でこの一連の関連設備の一部でも破損すると着用者を宙づりにできず、地面に激突させてしまう。
　災害防止の視点から、墜落制止用器具とその関連設備を一体的に検証する必要がある。

2．関連設備の用語
　※以下、【用語】とあるものは「墜落制止用器具の安全な使用に関するガイドライン」（平成30年6月22日付け基発0622第2号）より引用

（1）環（D環）（欧州規格 EN 362：2004）
　一般に、ハーネスとランヤードなどを接続するための器具で、通称D環と呼ばれているものは、欧米ではアタッチメントポイントと呼ばれている。複数設置されているフルハーネスもある。

第 2 章　墜落制止用器具の知識

（2）ランヤード　（欧州規格　EN 358：2000）
　【用語】
　　フルハーネス又は胴ベルトと親綱その他の取付設備（墜落制止用器具を安全に取り付けるための設備をいう。）等とを接続するためのロープ又はストラップ（以下「ランヤードのロープ等」という。）及びコネクタ等からなる器具をいう。ショックアブソーバ又は巻取り器を接続する場合は、当該ショックアブソーバ等を含む。

通常使用されている
ストラップ式ランヤード

ロック付き巻取り式ランヤード

（3）ワークポジショニング用ロープ
　【用語】
　　取付設備に回しがけするロープ等で、伸縮調節器を用いて調整したロープ等の張力によってU字つり状態で身体の作業位置を保持するためのものをいう。

ワークポジショニング用ロープ（CAMP社のフルハーネス用U字つりランヤード）

伐採用フルハーネス用
U字つりランヤード（鋼芯）

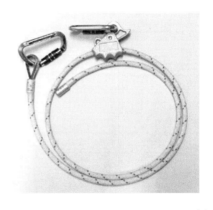

11

（４）ワークポジショニング作業
　【用語】
　　ロープ等の張力により、U字つり状態などで作業者の身体を保持して行う作業をいう。

急傾斜地等において両手を使用するために、足を接地して作業姿勢を保持しながら行う作業である。

（５）伸縮調節器
　【用語】
　　ワークポジショニング用ロープの構成部品の一つ。ロープの長さを調節するための器具をいう。

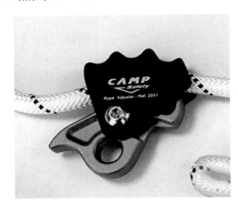

CAMP社のフルハーネス用U字つりランヤードに接続された伸縮調節器

胴ベルト型柱上用U字つりランヤードと伸縮調節器

第 2 章　墜落制止用器具の知識

（6）コネクタ　（欧州規格 EN 362：2004）
　　フック、カラビナ、環などのこと。
　【用語】
　　フルハーネス、胴ベルト、ランヤード又は取付設備等を相互に接続するための器具をいう。

（7）フック　（欧州規格 EN 362：2004）
　【用語】
　　コネクタの一種であり、ランヤードの構成部品の一つ。ランヤードを取付設備又は胴ベルト若しくはフルハーネスに接続された環に接続するためのかぎ形の器具をいう。

（8）カラビナ　（欧州規格 EN 362：2004）
　【用語】
　　コネクタの一種であり、ランヤードの構成部品の一つ。ランヤードを取付設備又は胴ベルト若しくはフルハーネスに接続された環に接続するための環状の器具をいう。
　　※カラビナに関しては 24 ページにて詳解。

オーバル型カラビナ

（９）ショックアブソーバ
【用語】
　　墜落を制止するときに生ずる衝撃を緩和するための器具をいう。第一種ショックアブソーバは自由落下距離1.8メートルで墜落を制止したときの衝撃荷重が4.0キロニュートン以下であるものをいい、第二種ショックアブソーバは自由落下距離4.0メートルで墜落を制止したときの衝撃荷重が6.0キロニュートン以下であるものをいう。

上段が新規格　第二種用
中段が新規格　第一種用
下段が旧規格

（10）巻取器
【用語】
　　ランヤードのストラップを巻き取るための器具をいう。墜落を制止するときにランヤードの繰り出しを瞬時に停止するロック機能を有するものがある。

ロック機能付き
ランヤード

　　例えば高さが５m以下でフルハーネスを使用するなど、墜落により作業者が接地する可能性がある場合には、このロック機能付きランヤードは有効である。最近、多くの作業者が使用している（51ページに詳解）。

第2章　墜落制止用器具の知識

（11）補助ロープ
【用語】
　移動時において、主となるランヤードを掛け替える前に移動先の取付設備に掛けることによって、絶えず労働者が取付設備と接続された状態を維持するための短いロープ又はストラップ（以下「ロープ等」という。）をいう。

（12）安全ブロック
　安全ブロックは、垂直に架設された梯子や電柱などを昇降する際に、墜落制止用器具のD環に接続して使用する器具（左写真）。比較的低層で墜落安全距離が確保されない状況では有効である。
　使用に関しては、28ページで詳解する。

（13）取付け具
　墜落制止用器具のD環に安全ブロックのフックを掛ける際の補助具で、安全ブロックのフックを背中のD環に掛けにくい場合に使用する延長ベルトである。
　使用方法は、28ページで詳解する。

15

第4 墜落制止用器具等

1. 墜落制止用器具等の分類

①墜落制止用器具は、墜落制止用器具の規格に適合するフォールアレストシステムのフルハーネス型と胴ベルト型だけを指す。

②墜落制止用器具等は、①の他にU字つり専用や危険区域制限（レストレインシステム）の「命綱」が含まれ、下図のように分類される。

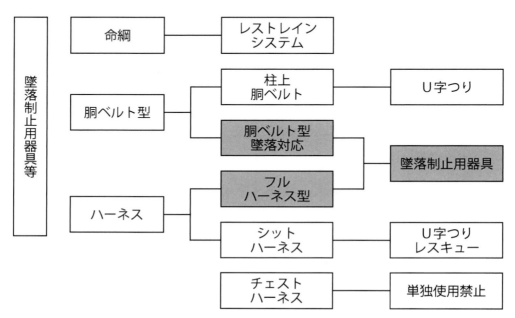

2. ハーネスの種類

（1）フォールアレスト用フルハーネス

　【用語】フルハーネス型墜落制止用器具
　　墜落を制止する際に身体の荷重を肩、腰部及び腿等複数箇所において支持する構造の部品で構成される墜落制止用器具をいう。

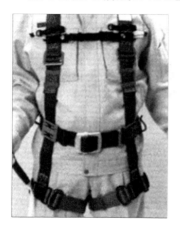

D環が背中に1カ所ありシンプルで軽量なデザイン。広く現場で使用されている一本つり用フルハーネスでU字つりはできない。

（2）フォールアレストおよびワークポジショニング（U字つり）兼用フルハーネス
　　D環（アタッチメントポイント）が、
　　　　①墜落対応として背上部と胸に2カ所
　　　　②作業姿勢保持として両腰に2カ所
　　　　③腹部に1カ所
　　の合計5カ所設置されたフルハーネスも使用されている（右写真：欧州規格 EN 361：2002）。さらに、④レストレイン用に背下部に1カ所設置され、合計6カ所設置されたハーネスもある。
　　　このタイプは、窓ガラスクリーニング作業や急傾斜地での作業等のロープアクセス（ロープ高所作業）、レスキュー現場で使用されている。

（3）シットハーネス
　　両腰にD環（アタッチメントポイント）が設置されており、ワークポジショニング（作業姿勢保持）、レスキュー用。
　　フォールアレスト（墜落対応）としては使用禁止。（欧州規格 EN 813：2008）

（4）チェストハーネス
　　胸と背にD環（アタッチメントポイント）が設置されているが、単独での使用は禁止。
　　カラビナ等でシットハーネスと接続し、フルハーネスとしてレスキューや造園業で使用されている。

> **Q** フルハーネスのD環の名称と使用目的は何か？

1．通常のハーネスは、D環が背中に1カ所しか設置されていないが、U字つりやレスキュー用には5～6カ所設置されているものがある。最近、この種類のハーネスも日本の現場でよくみられるようになった。

①左図のA　胸部D環で墜落対応。フォールアレスト・アタッチメントポイント。墜落制止用器具のランヤードを接続する。ロープアクセスで下降器や昇降器を接続し、レスキュー等で使用する。

②左図のB　側部D環で作業姿勢保持用。ワークポジショニング・アタッチメントポイントである。
両腰に設置されておりU字つり用器具を設置する。

③左図のC　腹部D環で作業姿勢保持用。ワークポジショニング・アタッチメントポイントでロープアクセス用に使用する。
このD環に墜落用ランヤードを接続してはならない。

④右図のD　背上部D環で墜落対応。フォールアレスト・アタッチメントポイントである。通常のフルハーネスに設置されているD環で、墜落制止用器具のランヤードを接続する。

⑤右図のE　背下部D環で作業範囲制限用。レストレイン・アタッチメントポイントである。無意識のうちに墜落危険区域に立ち入らないよう制限するもので、通常のハーネスにはない。通常は丈夫なロープ等を使用する。

第2章 墜落制止用器具の知識

長い梯子等を昇降する際に、18ページの左図のAのD環に安全ブロック等のフックを掛けると、右図のように便利である。

2．D環の機能一覧

D環の名称と機能は次のとおりである。

記号	名称	Fall-Protection-Systems		D環の位置
A	フォールアレスト・アタッチメントポイント	ロープアクセス・墜落制止対応	Fall-Arrest Suspention	胸部D環
B	ワークポジショニング・アタッチメントポイント	作業姿勢保持	Work-Positioning	側部D環
C	ワークポジショニング・アタッチメントポイント	ロープアクセス・作業姿勢保持	Suspention	腹部D環
D	フォールアレスト・アタッチメントポイント	墜落制止対応	Fall-Arrest	背上部D環
E	レストレイン・アタッチメントポイント	作業範囲制限	Fall-Restraint	背下部D環

Q シットハーネスやフルハーネスの腹部D環や両腰部のD環にランヤードを接続してよいか？

1．シットハーネスやフルハーネスの腹部D環や両腰部のD環にランヤードを接続してはいけない。
2．腹部D環や両腰部D環は、①U字つり状態で作業姿勢保持するため、②ロープアクセス作業やレスキュー用で、③急傾斜地や窓ガラスクリーニング等で広く使用されている。

しかし、胴ベルトのD環、フルハーネスやシットハーネスの両腰にあるD環に接続したダミー人形での墜落実験映像をみると、重心の関係と衝撃でダミー人形の

頭部が下方に反転している。つまり人体であればハーネスから脱落して墜落を示唆するものである。

さらに、ハーネスの腹部のロープアクセス用アタッチメントポイントで墜落すると、腰椎損傷の危険性がある。

シットハーネスでの山岳墜落事故を扱った書籍「生と死の分岐点・続生と死の分岐点」で、この危険性を指摘している。

3．ハーネスのシステムによる分類

（1）フォールアレストシステム（墜落制止機能としての器具）
　作業者が墜落した場合に宙づりとするのが目的。作業時ではランヤードを常時緊張しない状態で使用するのが原則。

（2）ワークポジショニングシステム（作業姿勢保持機能としての器具）
　傾斜地等で、両足を接地しU字つり用ランヤードを常に緊張した状態で使用する。傾斜地等でシットハーネスを使用する際に、欧米では50cm、米国では60cm以上落下が予想される状況では、フォールアレストシステム（墜落制止方式）の使用が義務付けられている。

第2章 墜落制止用器具の知識

（3）レストレインシステム（危険区域制限機能としての器具）

欧米では、Fall-Retraint System という。

作業者が、危険区域の直前に到達した場合にロープ等が緊張し、それ以上前に進めないようにするもの。図のように必ずしもハーネスやショックアブソーバ付きランヤードの使用は必要なく、ロープでもよい。「要求性能墜落制止用器具その他の命綱」（規則130条の5）の命綱に該当する。

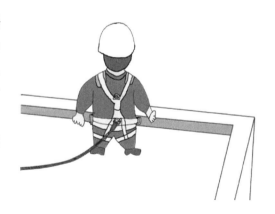

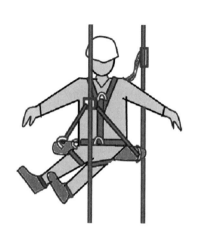

（4）サスペンションシステム（ロープ高所作業）

ロープに設置した下降器や昇降器を作業者自らが操作し、宙づり状態で上下左右に移動するもの。あるいは傾斜地で足を接地して作業姿勢を保持するもの。ロープ高所作業・レスキュー用。

4．胴ベルト型の分類

（1）胴ベルト型墜落制止用器具

【用語】

身体の腰部に着用する帯状の部品で構成される墜落制止用器具をいう。

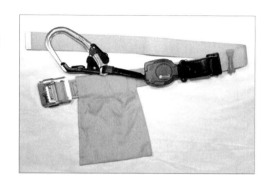

胴ベルト型フォール
アレストシステム（一本つり用）

（2）柱上用胴ベルト型

　伸縮調節器が装備されたU字つり用である。

　改正規則により、U字つり専用の胴ベルトは墜落制止機能がないため、墜落制止用器具とは認められないので、フォールアレストシステムとしては使用禁止である。右写真のように胴ベルト型のフォールアレストシステム（墜落対応）のランヤードと併用すれば使用できる。

　フォールアレストシステムのフルハーネスと併用してもよい。

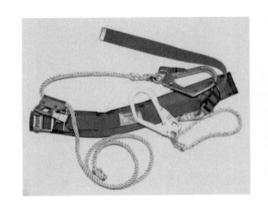

第5　その他の用語

（1）自由落下距離

【用語】

　作業者がフルハーネス又は胴ベルトを着用する場合における当該フルハーネス又は胴ベルトにランヤードを接続する部分の高さからフック又はカラビナ（以下「フック等」という。）の取付設備等の高さを減じたものにランヤードの長さを加えたものをいう。

（2）落下距離

【用語】

　作業者の墜落を制止するときに生ずるランヤード及びフルハーネス若しくは胴ベルトの伸び等に自由落下距離を加えたものをいう。

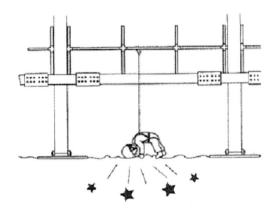

　墜落した作業者が地面に激突するという意味で、落下距離は墜落激突距離でもある。

　日本のメーカーの仕様書には、足元からの距離で4.4m以上とし墜落激突距離で表記しているものがある。

第 2 章　墜落制止用器具の知識

（3）墜落安全距離（本書が定義した用語）

　落下距離に安全なクリアランスとして 1 m を加算した距離である。

　クリアランスとは、作業者が墜落して宙づりとなっても、接地しないための十分な間隔で、1 m をみている（下図は自由落下距離のイメージ）。

　海外製では右写真のように、ショックアブソーバにフックを掛けた箇所からの墜落安全距離で表記しているものがある。

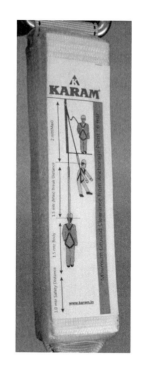

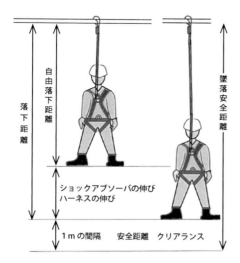

（4）落下係数（墜落係数）

　落下係数は、ダイナミックロープ（ザイル）で接続された登山者が墜落し宙づりとなった場合に、墜落時に受ける衝撃の激しさを数値化したもので、「落下距離÷繰り出したロープの長さ」で計算される。最小値が 0 で最大値が 2 （$0 \leq$ 落下係数 ≤ 2）である。

　山岳界では落下係数 2 は「死の世界」と呼ばれ、絶対に避けなければならないものとされる。

　ハーネス等のフックを掛ける位置を決める際に参考となる。

第3章　個別的な問題および使用方法に関するQ＆A

　本稿は、ガイドラインには記載されているが特別教育の教本では詳しく解説されていない個別事項について解説する。

第1　カラビナの使用上の問題点

１．カラビナの種類
　　カラビナを形状でみると、以下の３種類がある。

　　　　オーバル型　　　　　　　　D型　　　　　　　　　変D型

２．墜落制止用器具とランヤード等を接続するコネクタとしてハーネスを使用する場合は、墜落制止用器具の規格により、安全環があり11.5 kN以上の引張荷重が必要である。

３．カナビナに関するQ＆A

> **Q** フルハーネスのD環とランヤードを接続するカラビナで使用できないものとは？

　破断強度が11.5 kN以上あったとしても、下写真のように安全環のないカラビナは、ハーネスとの接続が禁止される。

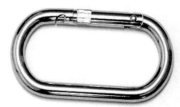

第3章　個別的な問題および使用方法に関するQ＆A

> **Q**　カラビナの使用上、特に注意する点は？

1. カラビナは、下写真左のように縦方向に荷重を掛けた場合に最大限の強度を発揮する（写真のカラビナでは 24 kN）。

    しかし、下写真中央のように横方向に掛けた場合は 10 kN、下写真右の安全環が外れた状態では 7 kN と著しく強度が低下し、規格の 11.5 kN を満たさない。

写真中央のオーバル型カラビナは、偏荷重が掛かると比較的横荷重になりやすい。

2. オーバル型のカラビナを使用する場合は、横荷重防止措置を行い「外れ止めの装置がカラビナの主軸上にない」ことが必要である。

左写真のオーバル型カラビナは、横荷重防止のために区画ピンを設置したもの。

右写真は、横荷重防止のためにカラビナにキャップを装着したもの（キャプティブ　ペツル社）。変D型を使用する場合も、横荷重防止のためにキャップ等の装着が望ましい。

3. 単独で使用できるカラビナ

    横荷重が発生しても強度が 11.5 kN 以上あるのがペツル社のオムニである（縦荷重 20 kN、横荷重 15 kN）。

25

第2　外国製の墜落制止用器具等の使用上の問題点

１．外国製のフルハーネスやコネクタ等をインターネット等で購入して使用する例が多くなっている。

　　EN362やＣＥマークの刻印されている外国製フルハーネスやコネクタ等については、国際規格等に基づき製造された墜落制止用器具と一応判断され、厚生労働省労働基準局長が我が国の墜落制止用器具の規格に適用していると認めた場合は使用できる。事前に行政の使用認定が必要か否かは所轄の労働基準監督署に問い合わせを行う必要がある。

　　墜落制止用器具（フルハーネス）に関する以下の告示がある。

> 厚生労働省告示第 11 号（平成 31 年 1 月 25 日）
> 「特殊な構造の墜落制止用器具又は国際規格等に基づき製造された墜落制止用器具であって、厚生労働省労働基準局長が第三条から前条までの規定に適合するものと同等以上の性能又は効力を有すると認めたものについては、この告示の関係規定は、適用しない。」

２．外国製器具の使用に関するＱ＆Ａ

Ｑ　ＥＮ362とかＣＥマークとは何か？

　　ＥＮ番号は欧州連合（ＥＵ）で規定する製品の規格を満たしたもので、ＥＮ362は墜落防止のための個人用保護具のコネクタ（カラビナやフック等）の規格である。

　　写真は、外国製フックに刻印されたもの。

　　ちなみにＥＮ361は、墜落対応のフルボディハーネスの規格である。

　　CEマーキングは、製品が欧州連合（ＥＵ）の安全規格に適合していることを示すマークであり、製品上にこのマークがなければＥＵ域内での流通は認められない。海外に輸出する我が国の製品には不可欠なマークである。製造を監査する公認機関のＩＤ番号（CE0120、CE0321、CE0197等）が記されている。

　　インターネット等で個人的に海外製品を購入する場合は、信用のおける店でＥＮとCEマーキングの刻印（印字）のある製品を購入すべきである。

　　マーキングを偽造した規格外の外国製カラビナの存在の報告があるので注意を要する。

　　日本製の墜落制止用器具および附属器具には、このような制度がないので、使用に当たっては取扱説明書で確認し、不明な場合はメーカーに問合わせて確認する。

第3章　個別的な問題および使用方法に関するQ＆A

3．ランヤード交換における注意点

Q フックが壊れた場合に、他社のランヤードと交換してもよいか？

　一般的に、壊れたフックだけではなく、ランヤード全体を交換することになる。

　同一メーカーのものとの交換が望ましいが、他社との交換については「墜落制止用器具の規格」に適合するものであれば可能である。

　この場合、ランヤードとフルハーネスが相互に干渉することなく、初期の機能が発揮できることが必要である。（基発0125第2号　平31.1.25）

　ランヤードとフルハーネスを接続するには、下写真左（旧規格のランヤード）のようにコネクタがあらかじめ接続されたランヤードを使用するのが便利である。

　しかし、コネクタが接続されていないランヤードには、カラビナで接続する形式（下写真右）がある。

 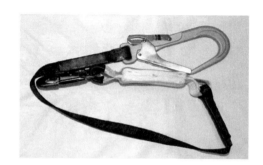

第3　安全ブロックの使用上の問題点

１．適正な使用方法

　　高さが５ｍ以下での作業においてフルハーネスを使用する場合に、墜落安全距離が確保されない場合は、ロック付き巻取り式ランヤードの使用、安全ブロックの使用等が選択される。したがって、今後ますます安全ブロックの使用頻度が増えるものと考えられる。

２．安全ブロック使用に関するＱ＆Ａ

Ｑ　安全ブロックを使用する際の注意点は？

１．具体的な使用は次のとおりである。
（１）作業開始前に、安全ブロックの点検を行ってから、堅固な構造物に取り付けられているか確認する。
（２）ロック機能を確認する
　　①介錯ロープを静かに引き寄せ、ランヤードを引き出してフックを持ち、強く引きロック機能が正常か確認する。
　　②「バチン！」と音がしてランヤードがロックした場合は、「安全ブロックよし！」と呼称する。
（３）安全ブロックのフックをハーネスのＤ環に掛ける。
　　　掛けづらいための準備として、下写真左の連結ベルトを事前に装着しておくと便利である（右図参照）。

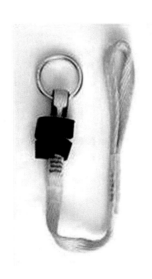

第3章　個別的な問題および使用方法に関するＱ＆Ａ

2．特に注意する点
　①安全ブロックのフックは、作業者の腰より高い位置に設置する。
　　右の写真は、腰より低い位置に設置されている悪い例（安全ブロックが開口部の内部に設置されている）。

　②安全ブロックのフックには墜落制止用器具のフックを掛けないこと。落下距離が想定より長くなり危険であるためである。

　③屋根やなだらかな傾斜面では、右図のように安全ブロックのストップ機能が働かないこともあり、事前に確認のこと。

　　　　　安全ブロックが使用できない場合は、ロリップ（左写真）か適切な下降器を使用すること。

　　　　　下降器（ペツル社のアイディ等）は、レスキューやガラス外装クリーニング作業等で使用されているが、専門的な指導を受ける必要がある。

第4　フルハーネスにおける二丁掛けの方法

1．梁上等を移動中の墜落災害

　　狭い梁等を移動中に柱等の障害物がある場合、フックを親綱等から外して掛け変えるときに、無フック状態となりバランスを崩して墜落する災害が発生している。

　　筆者の体感教育では、受講者の1割程度がフックを掛け変える際に現在掛けているフックを先に外してから、次のフックを掛けている。

　　つまり、一瞬だが無フック状態を発生させている。

2．二丁掛けとは

（1）移動中に2本のランヤードを使用し、柱等を迂回する際に補助のフックを掛けて常に無フック状態をなくすことをいう。

（2）2本のランヤードをダブルランヤードやツインランヤードといい、2本目のランヤードをサブランヤード、フックを補助フック等という。補助ロープは、胴ベルトでの迂回時にのみ使用が認められた1.3m以下のロープである（ガイドライン）。

> **Q** ガイドラインが示す補助ロープを使用する胴ベルトでの二丁掛けの方法は？

1．胴ベルトでの二丁掛けはフックの掛け替え時の無フック状態をなくすことを目的にしているので、一般的に使用されているランヤードが約1.7mに対し、補助ロープは1.3m以下と短くなっている。この補助ロープは、ショックアブソーバがないので、フォールアレスト（墜落対応＝一本つり）では使用できない。

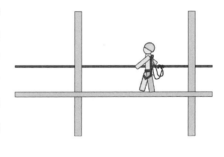

2．一般的に行われている胴ベルトでの二丁掛けの方法は次のとおり。

①ランヤードのフックを親綱等に掛け梁上を移動する（右図上）。

②柱等の障害物があった場合、補助ロープのフックを柱の反対側に掛ける（右図中：二つのフックが柱等を挟んで同時に掛かっている状態）。

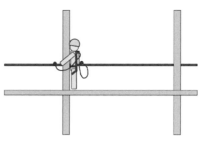

③ランヤードのフックを親綱から外し、補助ロープのフックの横に掛ける。

④補助ロープのフックを外し収納する。

⑤ランヤードのフックだけ親綱等に掛けた状態で梁上を移動する（右図下）。

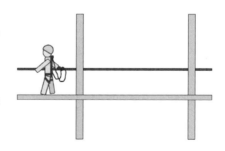

第3章　個別的な問題および使用方法に関するＱ＆Ａ

3．災害事例

②の過程において、補助ロープのフックを柱の反対側に掛ける前に、一瞬早くランヤードのフックを親綱等から外したとみられる墜落災害が報告されている。

Q　フルハーネスでの二丁掛けの方法は？

1．ハーネスの場合、二丁掛け用ランヤードは、全てショックアブソーバ付きでなければならない（ガイドライン）ので、フォールアレスト（墜落対応＝一本つり）ができる。

ハーネス主体の欧米では、移動中に無フック状態をなくすことに限定せず、通常の作業においても二丁掛けとしている（右写真はダブルフック）。

したがって、2本のランヤードは同じ長さとなっているものが多い。

日本では、巻取り式と通常のランヤードを装備した場合は、長さが異なる。

2．ハーネスでの二丁掛けの方法
 (1) ハーネスで梁上等を移動の場合は、親綱等にフックを同時に2本掛けて片手で掴み、梁上を移動する（下写真左）。
 (2) 柱等の障害物があった場合は、一のフックを外し柱の反対側に掛ける（下写真中央：一と二のフックが柱等を挟んで同時に掛かっている）。
 (3) 二のフックを親綱等から外し、一のフックの横の親綱等に掛ける。ロープ等が体に絡んだ場合は体を一回転する。
 (4) 一と二のフックを親綱等に同時に掛けた状態で梁上を移動する（下写真右）。

3．この方法の利点

胴ベルトの災害事例にみられる一瞬の無フック状態がなくなる。欧米ではこの方法を指導している。

Q フルハーネスで作業中、常に31ページの写真のようにダブルフックとすることに問題はないか？

　胴ベルトで二丁掛けを行う場合は、ショックアブソーバ機能のある墜落制止用ランヤードの他に、ショックアブソーバ機能のない短いロープ等の補助ロープの使用も認められている。そのショックアブソーバ機能のない補助ロープは移動時の掛け替え用に使用するものであり、作業時には使用できない（ガイドライン第5.1.(3)エ）。しかし、フルハーネスの場合は、二本とも墜落制止用ランヤードの使用が義務付けられている。（ガイドライン第4.2.(2)エ・オ）。ガイドラインでは、フルハーネスで作業時に常時二丁掛けを禁止していない。欧米の現場では、梁等の移動時や作業時に二丁掛けで常にダブルフックとしている例が多く、これは梁等を迂回する際やフックの掛けかえる際に、掛け忘れを防止するという利点がある。

Q ガイドラインが示す胴ベルトの補助ロープでU字つりができるか？

1．ガイドラインが示す胴ベルトの補助ロープではU字つりができない。
　　旧規格では、胴ベルトで補助ロープを使用する場合に、お互いのD環にフックが掛からない（U字つりができない）構造であることが必要であった。
2．猶予期間中の規制
　　令和3年1月1日までの間で、二本のランヤードがショックアブソーバのないロープ式を使用している場合は、下写真左のようにU字つりができない構造の二丁掛け安全帯である必要がある（下写真右はそのフックの形状）。

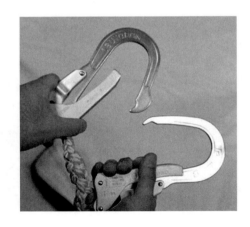

第3章　個別的な問題および使用方法に関するQ＆A

右写真の胴ベルトは、両腰にD環を設置しフックが交互に掛けられU字つりができるので、旧規格では使用できない胴ベルト。この状態の胴ベルトは猶予期間内でも使用してはならない。

3．猶予期間後の規制

令和3年1月2日以降は、胴ベルトにおいても衝撃荷重が4kNと大幅に減じるショックアブソーバ付きランヤードの使用が義務付けられる。従来のロープ式（写真は三つ打ちロープ・八打ちロープ）は単体では使用できない。新規格のショックアブソーバ付きランヤードではU字つりはできない。

ガイドラインでは補助ロープの長さを1.3m以下として二丁掛け専用としているが、これはU字つりができないように短くしたものと考えられる。

第5　宙づり状態での自己救助（延命措置）

1．胴ベルトでの宙づりによる死亡災害

（1）災害事例1（平成23年）

　建物の外壁補修工事を請負っていた元請の現場所長が、3階吸気口周囲の雨漏れ箇所を補修するため、1人で屋上から親綱とロリップと胴ベルトを使用し下降しようとしたところ、屋上から約1m下がった箇所で動けなくなり宙づり状態となった。被災者は携帯電話で施主に救助を求めたが、駆け付けた2人では引きあげることはできず、消防署のレスキュー隊に救出要請した。事故の約30分後に引き上げられたが、被災者は翌日低酸素脳症で死亡した。

（2）災害事例2（平成25年）

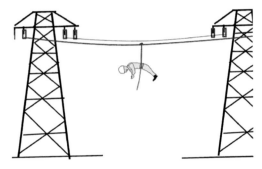

　電力会社の訓練施設で鉄塔間の電線を跨いで姿勢を保持する訓練を行っていた訓練生が、高さ約10mの電線から墜落した。当初は両手で電線をつかんだ状態であったが、力尽き両手を離し宙づりとなった。安全帯で胸部を圧迫し、約10分後には意識不明状態となった。約30分後に救助されたが死亡が確認された。

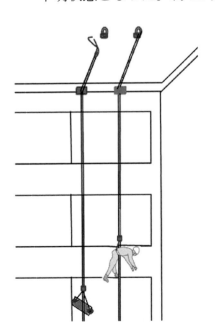

（3）災害事例3（平成26年）

　被災者は、ビル窓ガラス清掃をブランコ作業で行っていたところ、メインロープが吊り元から外れブランコ台から墜落した。ライフラインにより地面への墜落は避けられたものの、安全帯で宙づり状態となった。被災者の救出には約1時間を要し、搬送先の病院で内臓圧迫等により死亡が確認された。

第3章　個別的な問題および使用方法に関するQ＆A

2．フルハーネスによる宙づり

「フルハーネスで宙づりとなり、20分後に救出されたが、意識が朦朧となり自力で立てない状態であった。その後、作業者は高所に対しトラウマとなった。」という報告がある。

欧米においては、フルハーネスによる宙づりがもたらす人体の影響についての研究の蓄積が豊富であり、その対策がなされている。

米国のOSHA規則では、「墜落が発生した場合には迅速な救助に備えるか、労働者が自己救助できるようにすること。」と規定している。

「迅速な救助に備える」とは、現場にいる同僚による救助体制(オンサイトレスキュー)を、「労働者が自己救助できる」とは、作業者自身による延命措置を意味する。

> **Q** 消防レスキューが現場に到着する時間はどれ位か？
> 宙づりとなった体重80kgの者を引き上げるには何人必要か？

1．消防レスキューが現場に到着する時間は、状況にもよるが事故発生後20〜30分と予想される。救助までは1時間以上を要することもある。

消防レスキューが宙づり状態の作業員を上部に引き上げるには、4人以上の人力と滑車等レスキュー用具が必要とされる。

2．人力で垂直に引き上げられる重さは、昇降器(下写真:アッセンダー　ペツル社)等を使用すれば13〜15kgは可能とされる。

一般人が素手で引き上げることができるのは8kg程度とされる。

体重80kgの作業員を引き上げるのには計算上10人以上が必要となる。

実際に橋梁の現場で宙づりとなった作業員を引き上げるのに、10人が必要であったとの報告がある。

3．消防レスキューが現場に到着する時間が事故後20〜30分となると、胴ベルトで宙づりとなった場合、10分で意識不明となり30分で死亡している例があることから、現場にいる同僚による救助か作業員自身の延命措置が不可欠となる。

> **Q** フルハーネス着用者が墜落して宙づりとなった場合、着用者はレスキューによる救出まで耐えられるか？

1. 胴ベルトは、墜落の衝撃によって作業者の肋骨骨折や内臓破裂の危険性が高く、さらに宙づりとなると10分で意識不明、30分で死亡という災害も報告されている。

    原因として腹部の圧迫により呼吸困難となり低酸素脳症となっている例が多い。

2. ハーネスで宙づりとなった場合のうっ血対策

    （1）30分以上の宙づり状態で、脳と心臓に致命的損傷

    写真のようにハーネスで宙づりとなった場合、右図で示すように大腿静脈が腿ベルトによって圧迫され血流が止まり、同じく低酸素脳症等に至る可能性がある。

    （2）宙づり状態のまま時間が経過すると、次のような状態になるといわれている。

    ① 5～10分経過

    数分で血液が足に溜まる（下図①）。

    ② 10分経過

    心臓が血液を足に送ると同時に心臓に吸い上げようとする（下図②）。

    血液がますます足に溜まる。

    ③ 20分経過

    心停止と脳障害の危機的状況が近い（下図③）。

    ④ 30分経過

    死亡もしくは重大な脳障害の可能性が高い（下図④）。

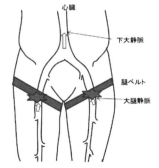

図①

図②

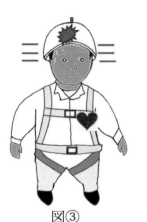
図③

図④

第3章　個別的な問題および使用方法に関するＱ＆Ａ

> **Q** 高所作業では、墜落して宙づりとなることを想定し救助計画を立てる必要があるのか？

1. 作業者が墜落して宙づりとなった場合、胴ベルトで5分以内、フルハーネスで20分以内に自力脱出か救助しなければならない。消防レスキューの現場到着が事故発生後20分以上とされる現実を考慮すると、作業開始前にレスキュー計画が必要となる。

2. レスキュー計画が確保されない作業は行ってはならない。

　基本的には、作業計画の段階でリスクアセスメントを実施し、「レスキュー計画が確保されない作業は行ってはならない。」ことを徹底すべきである。レスキュー計画は、フルハーネスの使用、高所作業車やクレーンの配置、安全ネットの設置、オンサイトレスキュー（同僚による救助）体制と自己救助等の教育の実施等、墜落した場合に最適な救出が確保される必要がある。

　オンサイトレスキューといっても、現実的には訓練とレスキュー装備が豊富な消防レスキューが行うロープアクセスによるレスキューまで求められない。

> **Q** フルハーネス着用者に宙づりとなった場合を想定し、取るべき行動についての教育は必要か？

1. レスキュー教育の必要性について

　フルハーネス着用者が宙づり20分で意識朦朧となり、それ以降は高所作業に対しトラウマとなった事例の報告がある。

　我が国では、胴ベルト着用者が宙づりとなり、消防レスキューが到着する前に意識不明や死亡している例が多く、現場の同僚による救助（オンサイトレスキュー）や作業者自らの脱出か延命措置が不可欠である。

2. 海外における動向

　レスキュー教育の必要性については、イギリスおよびアメリカの関係法令に規定されている。

（1）（安全帯）は、「着用者や着用する可能性のある者が、救助方法も含めて 十分な訓練を受けている場合にのみ、使用できる」（英国　WAHR）

（2）「墜落が発生した場合には迅速な救助に備えるか、労働者が自己救助できるようにすること」（米国　OSHA）

3. 我が国ではこれまで対応したことはなかった。

　現場にいる同僚による救助（オンサイトレスキュー）および被災者自らの脱出・延命措置については、安全教育の必須科目ともいえる。

　ハーネス着用者に対する特別教育において、トラウマストラップを使用した延命

措置を行っている例もある。

右写真は、日本クレーン協会東京支部でのVRを使用した宙づり延命措置訓練（特別教育）。

Q 胴ベルト着用者が宙づりとなった場合、着用者がとるべき行動は？

1．作業者に意識のある場合であるが、右写真や右図のようにランヤードのロープを掴み、頭部を上に保つ姿勢をとる（要訓練）。頭部が下方にあると血液により充血し、意識がなくなるのが早いためである。

時間が経過すると多くの場合、右下図のような状態となり腹部に全体重を掛けることになる。そのため呼吸困難となり低酸素脳症等で死に至っている。

2．意識のある場合の被災者の行動と現場の行動
　①大きな声を出し、墜落したことを周囲に知らせる。
　②腰に装備した重い工具等を外し、身軽になる。ロープ等は残す。
　③頭部が下になっている場合は、頭部がうっ血し意識不明になる時間が早くなるので、頭部を上となる姿勢を保つ。
　④負傷の部位を調べ、出血している場合は止血する。
　⑤自力脱出が可能か状況を判断し試みる。

第3章　個別的な問題および使用方法に関するQ＆A

　⑥自力脱出が不可能なら、レスキュー等の救出を待つ間にダイニーマスリング等による延命措置（40ページ参照）を行う。
　⑦腿ベルトに締め付けられている箇所の血栓障害を防止するため、腿ベルトの位置替え、尻の上げ下げ、足の上げ下げの運動を行う。
3．現場の同僚の行動
　①宙づり被災者の負傷の確認
　②レスキュー要請の時期を早めとする。自力脱出や現場力による救出が困難と判断した場合は、迷わず即レスキュー要請する。
　③クレーン・高所作業車等の使用検討
　　（緊急の場合、用途外使用も免責される可能性があるが、二次災害の防止に努めること）
　④現場常備のダイニーマスリングやトラロープを投げ渡す。
　⑤被災者が行う延命措置を支援する。

> **Q** 胴ベルト着用者が墜落し宙づりとなった場合の延命措置とは？

1．宙づり10分で意識不明となった事例があるので、墜落直後で意識がある短時間（5分以内）に迅速に行動とる。初期行動については、前設問参照。
2．ロープ等で足掛けを行う
　（1）延命措置の道具
　　①同僚が宙づりの作業者に渡した現場にあるトラロープや介錯ロープ（下写真左）
　　②宙づり作業者が携帯しているダイニーマスリング（下写真中央）
　　　このスリングは、登山用品の販売店で購入する。
　　　1.2〜1.5mのループ状のスリングで、強度は2トン以上の荷重に耐える。
　（2）胴ベルトのD環にスリング等を掛ける（下写真右）
　　　自分の足の長さに調節する必要があるので、事前に体感教育を実施し感覚を知っておく必要がある。

（3）使用方法

右図や右写真の状態となる。

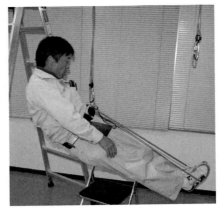

（4）具体的事例での延命可能性について

右下図は、低酸素脳症で死亡した事例であるが、図を見るとロープが下に垂れ下がっているのがわかる。このロープをD環に結び付け足を掛けて踏ん張れば、腹部の圧迫は解放され、呼吸困難にはならなかった可能性があった。

> **Q** フルハーネス着用者が宙づりとなった場合（右下写真）、延命措置としての自己救助の方法はどうするのか？

1．海外では Suspention Trauma Straps と呼ばれ、一般的な教育内容となっている。

宙づり被災者が行動できる場合（自己救助＝延命措置）
消防レスキューが現場に到着するまでに、腿ベルトの圧迫で閉塞された大腿静脈の血流を、被災者自らストラップ等を

第3章　個別的な問題および使用方法に関するQ&A

使用して解放する方法である。
（1）ダイニーマスリングによる方法

体形に合わせて登山用品であるループ状の120～150cmのダイニーマスリング（右上写真）2本を使用する。腿ベルトをつり上げている力が、腿ベルト⇒胸ベルト⇒D環⇒ランヤード（フック）となっているので、スリングはこのラインのハーネス（ベルト）に取付け長さを調節する。
背中のD環に取り付けても効果はないので確認のこと。
このスリングの輪に足を入れ踏ん張ると、腿ベルトの圧迫が多少緩くなり、閉塞された大腿静脈の血流を解放することができる（左写真）。

（2）DBI-サラ 墜落防止時うっ血対策ストラップ「スリーエム(3M).」（右写真）による方法

市販品で小さく軽量なので常備的にハーネスに取付けておくことができる。
2本のストラップを下写真左のフックで1本のループ状にしてその輪に足を掛け踏ん張る（下写真右）。

41

2．自己救助・延命措置は事前体感が必要

（1）宙づり被災者が意識不明や重症で自ら行動できない場合は、現場にいる仲間による救助（オンサイトレスキュー）が重要であるが、現実的にはレスキュー装備と高度の訓練が必要なので本稿では触れない。

（2）宙づり状態となった場合、大腿静脈の血流を確保するために足をスリング等で確保することが不可欠である。しかし、ハーネスの種類やハーネスの着用方法、スリングの長さ、体形によっては腿の圧迫が改善されても首筋に強い圧迫感が発生することもある。ハーネスの種類によっては効果が期待できないものもあるので、必ず事前に自ら宙づりとなり確かめておく必要がある。
（詳しくは、拙著『安全帯で宙づり』、『高所作業の基礎知識』（共に労働新聞社）、DVD『あなたの命をたくす安全帯　より安全なハーネス型に』（建設安全研究会）で解説している）

Q　延命措置・自己救助の訓練に必要な機材とその使用方法は？

1．現場では、簡単な足場を組むことで、室内・会議室等では、脚立やぶら下がり健康器を使用するが、ここでは脚立とぶら下がり健康器による方法を紹介する。

（1）脚立組による方法（右写真）

イ．使用する機材など

① 2mの脚立2脚
② 3mの単管1本
③緊結用スリング2本
④単管とハーネスの接続用スリング1本
⑤カラビナ1個（安全環がなくてもよい）
⑥ 40cm程度の踏み台1台
⑦足掛け用ダイニーマスリング2本
　（1.5mまたは1.2m）
⑧あるいは市販のトラウマストラップ（3M社等）

ロ．組立てにおける注意等

①脚立と単管は右写真のように組み立てる。
②脚立と単管は、外れないようにスリング等で緊結する。
③ゴムバンドでの緊結は、外れやすいので推奨しない。
④単管にスリングを掛け、カラビナに接続する。

⑤体感者が宙づりになっても足が床に届かない程度に長さを調節する。
　ハ．宙づりの方法
　　①脚立転倒防止のため、支えの者2名を配置し脚立を掴み固定する。
　　②事前に主催者自らが体感し設備の安全を確認する。
　　③ハーネスを着用した体感者を踏み台にのせD環にカラビナを接続する。
　　④ハーネスのフックにカラビナを掛ける。
　　⑤体感者は単管に対し垂直にゆっくり腰を下げぶら下がる。
（2）ぶら下がり健康器（下写真左）
　　① 90kg以上の荷重に耐える丈夫なものであること
　　②掴みバーが前に突き出ているものがよい（下写真中央）
　　③宙づりとスリングによる延命措置の体感（下写真右）
2．安全教育で災害になっては最悪なので、最大限の安全確保に努めること。

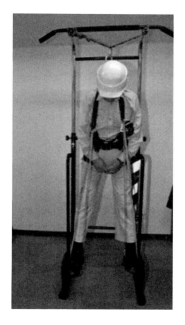

≪トピックス≫　宙づり延命措置体感教育

　ＶＲ（仮想現実）を使用すると体感者は宙づり状態という仮想現実を体感することができ、その状態で延命措置訓練を行うと現実感が増す（38ページの上写真を参照）。

　しかし、ＶＲより進歩したＭＲ（拡張現実）を使用すると仮想現実の中に体感者が入り込むことができ、仮想現実の世界の中で延命措置行動が技術的に可能となる。

　これまで、筆者は自ら開発したＶＲ用コンテンツで宙づり体感教育を行ってきたが、ＭＲ用コンテンツが平成31年4月に完成した（下写真）。ＶＲやＭＲは単に恐怖体験で終わらないよう心がけているが、必要なのは延命措置教育であり、今後のＭＲの普及に期待したい。

第4章　その他の質問

Q 荷の上での作業のように、作業床がなく墜落制止用器具の使用が難しい場合でも墜落制止用器具を使用しなければならないのか。除外規定はないのか？

1．荷の上での作業や伐採作業に限定して、労働者に墜落制止用器具を使用させることが「著しく困難な場合」は、保護帽の着用でもよい。しかし、あくまで「著しく困難な場合」に限定されることに注意を要する。

2．規則518条2項に関して『「労働者に安全帯等（現行＝墜落制止用器具）を使用させる等」の「等」には、荷の上の作業等で労働者に安全帯等を使用させることが著しく困難な場合において、墜落による危険を防止するための保護帽を着用させる等が含まれること。』という解釈例規がある（昭43.6.14安発第100号、昭50.7.21基発第415号）。

3．ガイドラインでは、「伐採など、墜落制止用器具のフック等を掛ける場所がない場合など、墜落制止用器具を使用することが著しく困難な場合には、保護帽の着用等の代替措置を行う必要があること。」と規定している。

4．さらに、最大積載荷重が5トン以上の貨物自動車の荷の積卸作業では、墜落による危険を防止するため、作業員に保護帽を着用させなければならないと規定しているが、墜落制止用器具の使用を命じた規定とはなっていない（規則151条の74）。

Q 街路樹の剪定作業や枯れた木の伐採作業では、墜落制止用器具を使用するのが極めて困難である場合が多い。高さが2m以上の高所作業となった場合は、どうしても墜落制止用器具を使用しなければならないのか？

1．ガイドラインでは、「伐採など、墜落制止用器具のフック等を掛ける場所がない場合など、墜落制止用器具を使用することが著しく困難な場合には、保護帽の着用等の代替措置を行う必要があること。」と規定している。

2．しかし、この問題は規則518条1項の原点にもどって検討する必要がある。
つまり、高さが2m以上の高所作業において、作業床を設置することが困難であるかがまず問われる。ここで、作業床の設置とは足場の設置に限らず、高所作業車の使用も含まれると考えられる。
作業床を設置することが困難かどうかは、技術的な面と経済的な面から判断される。

次に、墜落制止用器具のフック等を掛ける場所がないかが検討される。

3．造園業における街路樹の剪定作業等において発生した墜落死亡災害に関して、規則518条1項違反で送検された次のような事例がある。

①街路樹の剪定作業を行っていたところ、枝が折れ10m下に墜落した事例（死亡）
安全帯（墜落制止用器具）が使用できない状態であったが、高所作業車の使用ができたのに使用しなかったもの。

②三点脚立を使用し、剪定作業中に3m下に墜落した事例（死亡）
安全帯（墜落制止用器具）の使用ができない状態であったが、高所作業車の使用ができたのに使用しなかったもの。

4．ガイドラインは、「墜落制止用器具を使用することが著しく困難な場合」に限定して保護帽の着用等の代替措置を行うことを認めているが、前記の送検事例との整合性は明確ではない。

墜落制止用器具を使用することが著しく困難な場合であったとしても、高所作業車の使用が容易にできた場合は、規則518条1項違反の可能性があると考えるべきである。

したがって、安全対策の面からも高所作業車の使用を検討する必要がある。

ガイドラインの作業としては、高所作業車や墜落制止用器具も使用できない、一般家庭の狭い庭にある高さ2m以上の枝が細い樹木の剪定作業が想定される。

Q フルハーネスの使用義務化によって、胴ベルトと同じように現場では常時着用すべきか？

1．胴ベルトとヘルメット着用率の高さが、我が国の安全文化と称する向きもあるが、一方で着用しているが使用しないで墜落死している例が多いのも事実である。

胴ベルトが「現場入場時のパスポート」と揶揄（やゆ）されたように、高所作業に従事しない作業者にまでハーネスの着用を義務付けるのではなく、ハーネスの着用は高所作業に従事する作業者に限定されるべきである。

2．作業開始前に作業に関してリスクアセスメントをしっかり実施し、ハーネス着用の是非を確認して、ハーネス使用が必要なら指示を徹底することである。

同時に、予定外作業および作業指示以外の作業は絶対禁止とし、その厳守が必要である。

ここで厳守とは、労働契約や請負契約における安全順守という契約履行の厳守である。

第4章　その他の質問

> Q　ガイドラインでは、胴ベルト型を使用することが可能な目安として 6.75 m 以下としているが、その根拠となる自由落下距離 4 m の数値が理解できない。6.75 m の数値の計算方法を教えてもらいたい。

1．現在世界では、2 m のランヤードも多数使用されている（右写真）。

   2 m のランヤードのフックを下図左のように足の下に掛けて墜落した場合は、最大 4 m の自由落下となる可能性がある。

   この状態は鉄骨組立等で発生する可能性があり、衝撃荷重が大きいので第二種ランヤードの使用が不可欠である。

2．第二種ランヤードのショックアブソーバの伸びの最大値は 1.75 m とされている。

   これに、安全距離 1 m（クリアランス）を加え 6.75 m としたものである（下図右）。

   したがって、6.75 m という数値は、全世界において

全てのフルハーネス使用で考えられる最大値を示した特殊例であり、我が国における通常の作業には当てはまらないものである。

3．日本では、短いランヤードを好むが、欧米では 2 m のランヤードを多く使用している。

   欧米はフックを掛けて広い作業範囲の確保を目的としているのに対し、我が国ではフックのチョイ掛けとして使用するので、長いランヤードは邪魔として扱われる。我が国もハーネスの使用が進み安全意識が高まれば、多くの作業者が長いランヤードを自由に使う日が来るものと期待している。

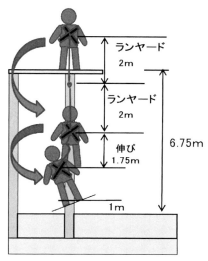

47

Q 猶予期間中2022年1月1日まで、6.75m（建設業では5m）超えの高さで胴ベルト型は使用できるのか？

1．猶予期間中において、高さが6.75m超えの高所作業において使用できる墜落制止用器具は次のとおりである。
　①旧規格の胴ベルト型・・・・○（可）
　②新規格の胴ベルト型・・・・×（不可）
　③旧規格のフルハーネス・・・○（可）
　④新規格のフルハーネス・・・○（可）
（注意）新規格の胴ベルト型は、6.75m以下で使用することを前提としているので使用できない。
6.75m超えは、全てフルハーネス使用である。

2．経過措置については下図のとおりである。

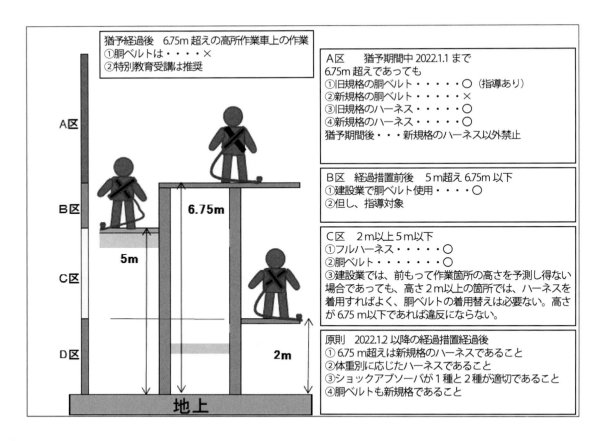

48

> **Q** 高所作業車での作業において、高所作業車には作業床と囲いがあるので胴ベルト型でよいか？

　高所作業車での作業であっても6.75mを超える場合は胴ベルト型の使用はできない。この場合は墜落制止用器具は原則どおりフルハーネスを使用しなければならない。

　本来ならば、作業床があり墜落防止措置として有効な手すり等の設置があるので、墜落制止用器具の使用は不要であるが、高所作業車において2m以上の高所で作業を行う場合は、特別規定で墜落制止用器具の使用が義務付けられている。

　なお、フルハーネス着用者に対する特別教育受講の是非に関して、高所作業車は作業床があるので特別教育受講義務はないが、行政は受講を推奨している。

> **Q** 発注者から、高所作業ではフルハーネスの使用を指示され、胴ベルト型を禁止されて困っている。ガイドラインでは胴ベルトでもよいはずだが。

1．電力会社や外資系の石油精製工場等の工事現場等でそのような指示がなされていることが多い。

　欧米では、日本のように胴ベルト型はないのでフルハーネスしか使用できない。

　そのような環境で、10万人当たりの建設業の死亡率は日本8.8人に対し、イギリス2.3人、ドイツ5.8人、フランス7.4人と低い（2005年データ：拙著『フルハーネス型安全帯』）。

2．高さが3m程度での作業は、欧米において墜落距離を意識して、①フックを後方にかける方法、②安全ブロックを掛ける方法、が一般的にみられる。

　下の写真は、高さ約2.5mに架設中の足場組み立作業で、フックを後方に掛けている（イタリア）。

3．ガイドラインでは、フルハーネスで墜落し地面に到達するおそれがある場合に、胴ベルトの使用が認められる、という趣旨であり、必ずしも胴ベルトの使用を命じていない。

　したがって、フルハーネスの使用を命じられた現場は、落下距離を常に考慮し、
①フックを後方にかける
②安全ブロックを掛ける
③ロック機能付き巻取り式ランヤードを使用する
等の選択を行い有効な墜落防止措置を行う必要がある。

Q 足元にフックを掛けて昇降中に墜落した場合の衝撃はどれくらいか？

1．衝撃の強さを示す目安として、山岳界では落下係数という数値で示す（23ページ参照）。

　0 ≦（落下距離÷ランヤードの長さ）≦ 2　で表される。

　足元にフックを掛けると、右図のＡ図や下図左では落下係数2に近い。

　このような条件で胴ベルトで行った、八ツ打ちロープでの実験では約1トンの衝撃荷重という結果がでた（拙著『フルハーネス型安全帯』51ページ）。

2．山岳界で落下係数2は、死の世界といわれており、絶対避けるべき状態とされている。

　山岳界等では常識であるが、フルハーネスのフックを掛ける位置を決定する上で参考となる。上図のＡ図は落下係数が2に近くで衝撃は極めて強く、Ｂ図は0に近く衝撃はより少ない。基本的にフックの位置は、「0 ≦ 落下係数 ≦ 1」であるが、下右図のように限りなく0に近づける意識を持つことが必要である。

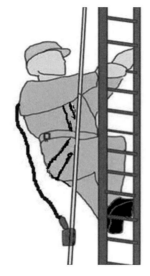

第4章　その他の質問

Q フルハーネスでは地面に到達する3m程度の高さでは、必ず胴ベルトを使用しなければならないのか？

1. 「墜落時にフルハーネス型の墜落制止用器具を着用する者が地面に到達するおそれがある場合は、胴ベルトを使用すること。」と誤解している者も多いが、ガイドラインは原則フルハーネスの使用を規定している。
2. ガイドラインでは、「墜落時にフルハーネス型の墜落制止用器具を着用する者が地面に到達するおそれがある場合は、胴ベルトの使用が認められること。」と規定しているだけである。フルハーネスは原則だが、「墜落距離の関係で地面に到達する可能性がある場合は、胴ベルトの使用でもよい」という趣旨である。
3. フルハーネス以外所持していない足場組み立て専門業者（とび職）等は、5m以下の低層であっても胴ベルトに変える必要はない。

　　胴ベルトのない欧米の作業者は、フルハーネスの機能に応じて墜落安全距離を確保している。

　　5m以下の低層でのフルハーネスの使用については、
　①フックを後方にかける
　②安全ブロックを掛ける
　③ロック付き巻取り式ランヤード（下写真）を使用する。
　等の選択を行い、墜落安全距離の確保を行う必要がある。

┏◻ 著者紹介 ◻┓

菊一 功
きくいち いさお

労働省（現厚生労働省）に労働基準監督官として入省
北海道局滝川署および福島局会津署に赴任
小田原・横須賀・川崎南・横浜北各署にて労働基準監督署長を歴任（平成16年3月退官）
平成16年4月　みなとみらい労働法務事務所開設
社会保険労務士登録（特定社会保険労務士）
安全総合調査研究会代表

著書・共著等
○ 『偽装請負と事業主責任』（労働新聞社　2007年1月）
○ 『偽装請負　労働安全衛生法と建設業法の接点』（労働新聞社　2007年8月）
○ 『現場監督のための相談事例Q＆A』（大成出版社　2009年12月）
○ 『リスクアセスメント再挑戦のすすめ』（労働新聞社　2012年6月）
○ 『建設業の社会保険加入と一人親方をめぐるQ＆A』（大成出版社　2013年10月）
○ 『フルハーネス型安全帯』（労働新聞社　2014年7月）
○ 『安全帯で宙づり－救助までの延命措置－』（労働新聞社　2015年7月）
○ 『高所作業の基礎知識　改訂第3版　―ハーネスやロープ高所作業の安全対策Q＆A―』
　　　　　　　　　　　　　　　　　　　　　　　　　　　　（労働新聞社　2022年7月）
○ ビデオ『監督官はココを見る』監修（建設安全研究会　2006年12月）
○ ビデオ『ある現場の偽装請負の代償』監修（建設安全研究会　2008年2月1日）
○ ＤＶＤ『よりよい危険源のリストアップ法はこれだ』（建設安全研究会　2012年2月）
○ ＤＶＤ『あなたの命をたくす安全帯　より安全なハーネス型に』
　　　　　　　　　　　　　　　　　　　　監修（建設安全研究会　2017年2月）
○ ＤＶＤ『その時安全衛生日誌がかたる－日誌があなたを救う－』
　　　　　　　　　　　　　　　　　　　　監修（建設安全研究会　2019年3月）
○ ＤＶＤ『新版　また発覚　労災かくし　犯罪と知りつつ ナゼ』
　　　　　　　　　　　　　　　　　　　　監修（建設安全研究会　2019年6月）

フルハーネス時代の新しい現場管理

2019年　7月　8日　初版
2024年　7月29日　初版2刷

著　　　者　　みなとみらい労働法務事務所 所長　菊一 功
発 行 所　　株式会社労働新聞社
　　　　　　〒173-0022　東京都板橋区仲町29-9
　　　　　　TEL：03-5926-6888（出版）　03-3956-3151（代表）
　　　　　　FAX：03-5926-3180（出版）　03-3956-1611（代表）
　　　　　　https://www.rodo.co.jp　　　　pub@rodo.co.jp
表　　　紙　　オムロプリント株式会社
印　　　刷　　有限会社ヤマダスピード製版

ISBN 978-4-89761-764-0

落丁・乱丁はお取替えいたします。
本書の一部あるいは全部について著作者から文書による承諾を得ずに無断で転載・複写・複製することは、著作権法上での例外を除き禁じられています。